Ne touche pas aux crapauds!

et autres sottises que disent les adultes

Catherine Rondina

Illustrations de
Kevin Sylvester

Texte français d'Isabelle Allard

Éditions
SCHOLASTIC

J'aimerais remercier tout particulièrement mon éditrice « personnelle », et mes éditrices : Sheila Barry et Lisa Tedesco. Un merci sincère à ma famille, surtout à ma fille Nella qui a lu le manuscrit avec diligence à maintes reprises. — C.R.

Édition publiée par les Éditions Scholastic, 604, rue King Ouest, Toronto (Ontario) M5V 1E1, avec la permission de Kids Can Press Ltd.

5 4 3 2 1 Imprimé en Chine CP130 10 11 12 13 14

Catalogage avant publication de Bibliothèque et Archives Canada

Rondina, Catherine
Ne touche pas aux crapauds! et autres sottises que disent les adultes / Catherine Rondina ; illustrations de Kevin Sylvester ; texte français d'Isabelle Allard.
Traduction de: Don't touch that toad & other strange things adults tell you.
Pour les 8 ans et plus.

ISBN 978-1-4431-0332-9

1. Superstitions--Miscellanées--Ouvrages pour la jeunesse. 2. Superstitions--Miscellanées--Humour pour la jeunesse. 3. Folklore-- Miscellanées--Ouvrages pour la jeunesse. 4. Folklore--Miscellanées--Humour pour la jeunesse. I. Sylvester, Kevin II. Allard, Isabelle III. Titre.

GR81.R6514 2010 j398'.41 C2010-900623-2

Les dessins de ce livre ont été exécutés à l'encre.
Le texte a été composé en caractères Goudy et Whimsy.
Conception graphique : Julia Naimska

Table des matières

Introduction

Je suis certaine que tu as déjà entendu toutes sortes de trucs bizarres, que ce soit de la part de tes parents, de tes grands-parents ou même de tes enseignants. Tu retrouveras probablement certains de ces dictons ou expressions dans ce livre. Certaines expressions te réjouiront, d'autres te feront réfléchir et quelques-unes te dégoûteront. Toutefois, une chose est sûre, c'est le plaisir de découvrir où et comment ces drôles de dictons ont vu le jour, et comment ils ont été transmis de génération en génération. Mais où avaient-ils la tête, ces adultes?

De saines habitudes

Attention! Cela peut te faire du mal! Les adultes te donnent probablement plus de conseils sur ta santé que sur tout autre sujet. « Fais ceci. » « Ne fais pas ça. » « N'essaie jamais cela! » Il y a de quoi te rendre malade rien que d'écouter tous les conseils et mises en garde des parents... Le meilleur conseil pour ta santé est peut-être : « N'écoute pas les adultes! »

Faire craquer tes jointures peut causer de l'arthrite.

Est-ce toi qui fais ce bruit énervant avec tes jointures? Tu penses probablement que c'est amusant, et même que ça te donne une allure de « dur », mais quelles en sont les conséquences? Selon de nombreux adultes, tu es peut-être en train de développer un grave problème d'arthrite. Cette maladie cause de la douleur et de l'enflure dans les articulations, l'endroit où les os se joignent. Et crois-moi, tu vas tomber sur un os si tu crois que c'est amusant d'avoir de l'arthrite!

FAUX

Bien qu'il soit prouvé que faire craquer ses jointures ne cause pas de l'arthrite, ce n'est tout de même pas un exercice recommandé pour tes doigts. Une étude a comparé 74 personnes de plus de 45 ans qui avaient fait craquer leurs jointures durant des décennies, et 226 personnes de la même tranche d'âge qui ne l'avaient jamais fait. Les chercheurs n'ont noté aucune différence entre les mains des sujets du premier groupe et du deuxième groupe. Toutefois, la même étude a révélé que les craquements de jointures peuvent entraîner une diminution de la capacité à saisir des objets. En tirant sur nos doigts, on force l'articulation hors de sa position normale et on écarte les os, ce qui modifie la pression sur le liquide clair et épais qui sert de lubrifiant. La quantité de liquide diminue, et des bulles se forment, grossissent rapidement, puis éclatent. Avec le temps, tous ces craquements et cette perte de liquide peuvent conduire à une prise affaiblie. Essaie donc de trouver autre chose à faire avec tes doigts, comme te curer le nez. Ou alors, garde tes mains tranquilles et empêche-les de se tirailler!

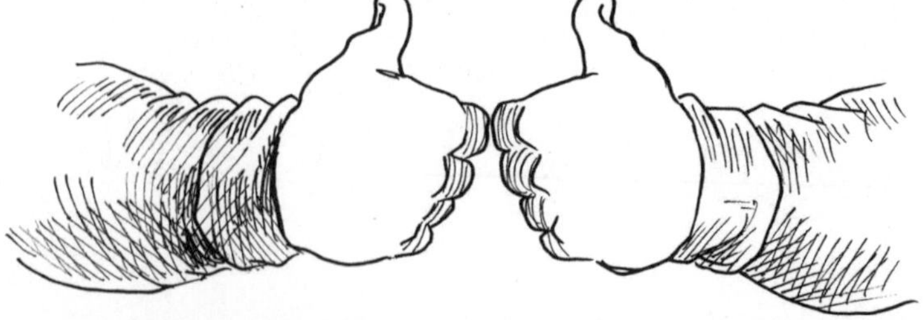

Une pomme par jour éloigne le médecin pour toujours.

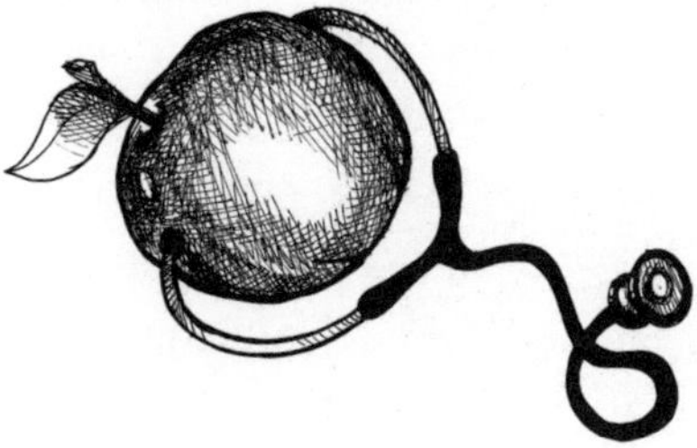

Pomme, poire, abricot... Allons, faut-il que je continue? Est-ce qu'un simple fruit peut réellement te garder en santé? Bien sûr, les pommes contiennent de la vitamine C, qui est essentielle pour garder les tissus organiques comme les muscles et les gencives en bon état. Mais recèlent-elles un ingrédient secret qui transforme les êtres humains ordinaires en droïdes pleins de santé? S'il y a une quelconque vérité dans ce dicton, tu as peut-être sous-estimé le pouvoir de la tarte aux pommes de ta mère.

FAUX

La pomme est un fruit merveilleux, rempli de bonnes choses, mais elle ne peut pas nous empêcher d'être malades. Toutefois, cela ne devrait pas entacher la réputation de cette délicieuse collation croquante et juteuse. En fait, manger des pommes offre de nombreux avantages pour la santé. Les pommes sont une excellente source de fibres, contiennent de la vitamine C et sont riches en flavonoïdes, des substances chimiques naturelles qui donnent leur couleur aux plantes et sont bénéfiques pour l'ensemble de notre organisme. Tous ces éléments nutritifs contribuent à réduire le risque de certains types de cancers et de maladies cardiaques. Et bonne nouvelle pour les amateurs de pommes sous forme liquide : des chercheurs de l'université de Californie ont découvert que le jus contenu dans les pommes peut tuer jusqu'à 80 % des bactéries de notre bouche qui causent les caries. Alors, il faudrait peut-être changer ce dicton pour : « Une pomme par jour éloigne le dentiste pour toujours! »

Si tu écoutes de la musique trop fort, tu vas devenir sourd!

Tu as probablement entendu ton père ou ta mère te crier : « Baisse le volume, sinon tu vas devenir sourd! » Mais ont-ils raison? Est-ce que le fait d'écouter tes chansons préférées à pleine puissance peut vraiment endommager ton ouïe?

VRAI

Eh oui! Les amateurs de musique, vous avez bien entendu! Maintenant, baissez le volume! La perte auditive peut survenir après une exposition à n'importe quel bruit fort durant une longue période. Comment savoir ce qui est trop fort? Eh bien, les sons sont mesurés en décibels (dB). Le bruissement des feuilles sous la brise équivaut à environ 10 dB, et une rue passante à 90 dB. Un klaxon de voiture atteint 110 dB, alors qu'un concert rock ou un moteur d'avion se situent entre 110 et 130 dB! La plupart des pertes auditives dues aux bruits forts sont temporaires, mais tout bruit excédant 85 dB peut endommager l'ouïe de façon permanente, surtout si l'on y est exposé durant une longue période. Les amateurs de musique qui mettent le volume à fond peuvent se faire du tort sans même le savoir. Alors, la prochaine fois que tes parents te crient de baisser le volume, écoute-les! Et n'oublie pas de leur dire de ne pas crier... cela risque d'endommager ton ouïe!

Ne mange pas de pâte à biscuits, ou tu auras des vers!

Ta mère vient de préparer une grande quantité de pâte à biscuits aux pépites de chocolat. Tu es sur le point de plonger ton doigt dans la délicieuse pâte quand elle s'écrie : « Arrête! Ne mange pas ça, sinon tu auras des vers! » Perplexe et un peu fâché, tu t'éloignes du bol en boudant. Ta mère aurait-elle raison? Est-ce que manger de la pâte à biscuits non cuite peut vraiment te rendre malade? Ou essaie-t-elle seulement de te faire peur pour garder toute la pâte pour elle?

VRAI

Ta mère a raison. Il est préférable d’attendre et de manger les biscuits quand ils sont cuits. Si tu manges cette succulente pâte, tu pourrais avoir des vers. En fait, ces « vers » sont des bactéries du type « salmonelle ». Ce sont des bactéries naturellement présentes dans l’intestin des animaux. Si les êtres humains mangent des aliments comme de la viande, de la volaille ou des œufs qui contiennent des salmonelles, ils peuvent être très malades. C’est ce qu’on appelle une intoxication alimentaire, et ce n’est pas agréable du tout. Les symptômes incluent des crampes abdominales, des nausées, des vomissements, de la diarrhée et de la fièvre. Mais ne t’inquiète pas. En faisant bien cuire ces aliments, on peut tuer les salmonelles. L’Agence canadienne d’inspection des aliments recommande de faire cuire les œufs à au moins 74 °C. Cependant, la pâte à biscuits achetée toute préparée contient généralement des œufs pasteurisés, qui sont déjà cuits avant d’être ajoutés au mélange. Tu ne cours probablement aucun risque si tu prends une cuillerée ou deux de cette pâte préparée, en t’assurant de lire l’étiquette au préalable.

Si tu sors avec les cheveux mouillés, tu attraperas un rhume.

Je sais, ça arrive aux meilleurs d'entre nous. Tu es en train de te laver les cheveux quand ton père crie : « Dépêche-toi, l'autobus arrive dans cinq minutes! » Mais juste au moment où tu vas quitter la maison, ta mère s'exclame : « Ne sors pas avec les cheveux mouillés; tu vas attraper un rhume! » Peut-on réellement attraper un rhume simplement en sortant avec les cheveux mouillés?

FAUX

Ne sois donc pas une poule mouillée, maman! Ce n'est pas vrai! Pour éviter les rhumes, il est plus important de se laver les mains que de se sécher les cheveux. En fait, un rhume est un virus, et les virus se moquent bien qu'on ait les cheveux secs ou mouillés, ou qu'il fasse chaud ou froid dehors. Tu peux seulement attraper un rhume par contact direct avec une personne enrhumée. Selon les médecins, si les rhumes sont plus fréquents en hiver, ce n'est pas à cause de la température, mais parce que nous avons tendance à demeurer plus longtemps à l'intérieur, où les microbes se développent. Tu devrais tout de même te sécher les cheveux avant de sortir lorsqu'il fait froid. Même si tu n'attrapes pas de maladie, tes cheveux humides gèleront et tu auras froid, ce qui n'est pas agréable. Tu ressembleras à un bonhomme de neige mal coiffé!

Si un perce-oreille entre dans ton oreille, il dévorera ton cerveau!

Comme la plupart des gens, la simple idée de perce-oreilles rampant près de toi te fait probablement frissonner. C'est peut-être à cause des pinces à l'extrémité de leur abdomen ou du fait qu'ils adorent se cacher dans des endroits humides comme tes chaussures, la salle de bain ou ta serviette par une belle journée d'été. Ou serait-ce à cause de toutes ces histoires de perce-oreilles s'étant faufilés dans des conduits auditifs pour aller se nicher dans le cerveau de leurs victimes?

FAUX

Ça va, tu peux enlever la ouate de tes oreilles! Les perce-oreilles ne sont pas à la recherche d'une nouvelle demeure dans ta tête. Ils ne vont pas y pondre des œufs, et ne dévoreront certainement pas ton cerveau. En fait, même si un perce-oreille prenait ton oreille pour un paillasson accueillant, il n'irait pas très loin. Bien que ton oreille puisse sembler un endroit idéal pour les perce-oreilles, qui aiment se cacher dans les fissures chaudes et humides, l'oreille contient des membranes et des os qui les empêcheraient de se creuser un chemin jusque dans ta tête. Alors, un mystère de plus de percé : les perce-oreilles sont inoffensifs pour les êtres humains. Mais je te parie que tu n'aimerais quand même pas en trouver un près de ta tête sur ta serviette de plage. Ouache!

N'avale pas ta gomme, elle restera sept ans dans ton estomac.

Oh, oh! Viens-tu juste d'avaler la boulette de gomme que tu étais en train de mâcher? Selon les experts en gomme à bulles, c'est-à-dire tes parents, cette vilaine substance demeurerait dans ton estomac pendant au moins sept ans. Tu as probablement entendu des histoires d'enfants qui avaient dû se faire opérer d'urgence pour enlever les accumulations de gomme non digérée de leur estomac. Est-ce vrai? La gomme à bulles peut-elle réellement rester dans ton ventre pendant sept ans?

FAUX

Presque tout le monde a déjà avalé un morceau de gomme dans sa vie, et pratiquement personne n'a dû aller consulter le médecin pour cette raison. S'il est vrai que ton estomac ne peut décomposer un morceau de gomme à mâcher de la même façon qu'il digère les autres aliments, ton système digestif peut-il le faire circuler dans la bonne direction – vers le bas? La gomme à mâcher est faite d'ingrédients naturels et synthétiques, tels que la gomme-résine, des agents de conservation, des agents aromatisants et des édulcorants. Ton corps peut absorber la plupart de ces ingrédients, sauf la gomme-résine. Toutefois, ton système digestif la poussera petit à petit dans tes intestins jusqu'à ce qu'elle soit éliminée dans les selles. Mais ne te réjouis pas trop vite. Même si la gomme ne va pas restée collée dans ton estomac pendant des années, elle peut entraîner des problèmes pour tes dents. Essaie donc de mâcher uniquement de la gomme sans sucre, et pas plus d'un ou deux morceaux par jour. Et quand tu as fini, crache-la dans une poubelle!

Ne t'assois pas trop près de la télé, c'est mauvais pour les yeux.

Tu es étendu par terre dans le salon, en train de regarder ton émission préférée. Plus tu es captivé par l'action, plus tu te rapproches de l'écran, quand soudainement ton père lance : « Ne t'assois pas trop près de la télé, c'est mauvais pour les yeux! » Ton père t'a presque fait faire une crise cardiaque! Pourquoi les parents font-ils une si terrible affirmation au sujet d'une boîte électronique qui donne tant de plaisir aux enfants?

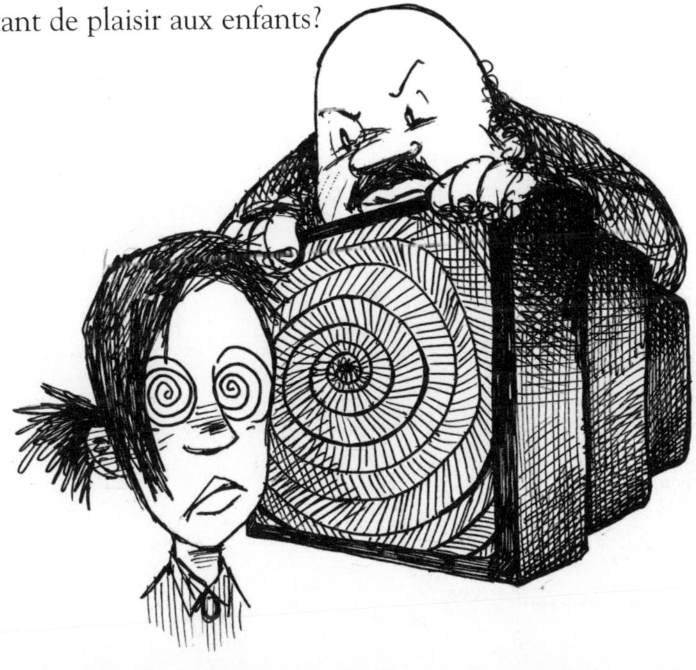

FAUX

« C'est de la foutaise », a déclaré le Dr Lee Duffner, porte-parole de l'académie américaine d'ophtalmologie. Selon ce professionnel, tu ne peux causer aucun dommage physique à tes yeux en t'asseyant trop près de l'écran de télévision. Tes yeux comprennent un muscle spécial appelé le muscle ciliaire, qui a l'incroyable capacité de changer la forme du cristallin. Ce dernier se modifie chaque fois que tu fixes ton regard sur un objet. Donc, si tu es très près de la télé, le muscle ciliaire changera automatiquement la forme du cristallin pour t'aider à mettre l'image au point. En fait, les enfants peuvent s'asseoir plus près d'un écran de télé que les adultes, car leurs yeux sont plus aptes à s'ajuster pour voir des objets de près. Toutefois, avant de t'installer devant la télé pour un marathon d'émissions, n'oublie pas que trop de temps passé devant la télé peut te transformer en mollasson, en un être avachi. Les experts ne savent pas quels sont les effets d'une exposition télévisuelle prolongée sur ton cerveau.

Manger trop de sucre rend hyperactif.

« Pas du tout! » protestes-tu en essayant de cacher le sac de bonbons dans ta poche de pantalon. Comment se pourrait-il que ton ingrédient préféré, présent aussi bien dans la crème glacée que dans la barbe à papa, te rende hyperactif? Tu n'y crois pas? Eh bien, ne grimpe pas aux rideaux tout de suite; tentons de savoir si c'est vrai ou faux.

FAUX

Eh oui, tu as bien lu, cher bec sucré! Le sucre ne rend pas hyperactif. Va dire à ta mère que selon des études publiées dans le *Journal of the American Medical Association (JAMA)* – publication de l'association médicale américaine – le sucre ne rend pas les enfants hyperactifs. Les médecins de l'association et d'autres chercheurs ont mené plusieurs recherches auprès de groupes d'enfants, dont certains avaient absorbé du sucre et d'autres un produit de substitution. Les chercheurs n'ont pas dit aux parents quels enfants avaient consommé du sucre. Le résultat est que les enfants ont tous agi de la même façon, qu'ils aient mangé du sucre ou non. Les chercheurs croient que si les enfants reviennent d'une fête d'anniversaire dans un état de surexcitation, c'est parce qu'ils se sont amusés avec leurs amis, et non en raison de ce qu'ils ont mangé. Cependant, mieux vaut éviter d'avaler des tonnes de bonbons. Il est prouvé qu'un excès de sucre peut entraîner l'obésité, le diabète et des caries.

Science insolite

Étrange, mais peut-être vrai. De la respiration coupée aux tartes à la boue en passant par les poulets sans tête, cette liste de bizarreries t'amènera à te demander s'il y a vraiment de la vie sur Mars. Peut-être est-ce de là que viennent ces étranges adultes qui prodiguent des conseils bizarres?

Arrête de bâiller, c'est contagieux!

As-tu bâillé pendant que tu lisais cette phrase? Si oui, c'est tout à fait normal. Tout le monde bâille, y compris les bébés, les enfants, les adolescents et les adultes de toutes les tailles. La plupart des animaux bâillent aussi. Il ne faut que six secondes en moyenne pour bâiller, et c'est facile à faire. Ouvre la bouche, laisse pendre ta mâchoire, aspire un peu d'air, puis expire. C'est simple, non? Mais est-ce contagieux? Essaie de bâiller dans une pièce remplie de monde, et observe ce qui se produit.

DÉCIDE

Selon des chercheurs de l'université de New York, environ 40 à 60 % de la population est sujette à la contagion du bâillement. Auparavant, les scientifiques croyaient que le bâillement indiquait la fatigue ou l'ennui. Ils pensent maintenant que le bâillement a pour effet de rafraîchir le cerveau en accroissant la circulation sanguine et l'aide ainsi à être plus efficace. Ce qui est plus intéressant, c'est la raison pour laquelle nous nous imitons quand nous bâillons. D'après les chercheurs, les bâillements contagieux remontent aux premiers humains, quand les membres d'un groupe s'envoyaient des signaux en bâillant pour garder la tribu sur le qui-vive. Le bâillement est donc un ancien réflexe acquis et transmis par nos ancêtres. C'est une façon astucieuse de communiquer avec ceux qui nous entourent. Si tu bâilles en ce moment, il y a des chances que d'autres t'imitent, répétant probablement un ancien comportement transmis au fil de notre évolution.

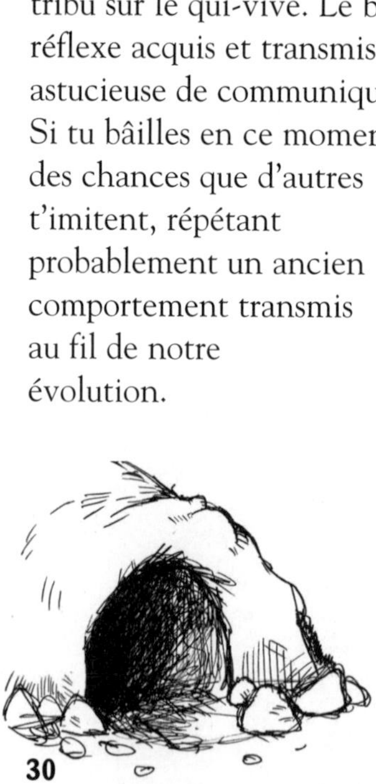

La foudre ne tombe jamais deux fois au même endroit.

La foudre et son bruyant acolyte le tonnerre sont déjà assez terrifiants, mais imagine-les revenir exactement au même endroit! Après les avoir vus frapper la Terre, on se dit que c'est terminé... mais surprise! Ça recommence! Pense aux chances que cela se produise. Les météorologues disent que la foudre frappe la Terre environ 100 fois par seconde. Alors, quelles sont les probabilités qu'un même endroit ou objet soit frappé deux fois? Si tu es un as des maths, tu es peut-être déjà en train de calculer la réponse. Mais si tu as déjà lancé des fléchettes, une balle de baseball ou un ballon de soccer, tu sais qu'il est plutôt difficile de frapper la même cible deux fois. Vraiment? En es-tu certain?

FAUX

La croyance que la foudre ne peut pas frapper deux fois au même endroit est complètement erronée. Tu n'as qu'à demander aux employés qui travaillent dans des immeubles étant les cibles favorites de la foudre. L'Empire State Building, à New York, est frappé par la foudre au moins 25 fois par an, et la tour CN, à Toronto, reçoit 40 à 50 coups de foudre par an. La tour Eiffel, en France, est régulièrement frappée par la foudre. En 1902, la foudre l'a tellement endommagée qu'il a fallu reconstruire 90 mètres de sa partie supérieure. Pourquoi ces édifices sont-ils frappés aussi souvent? Parce que la foudre emprunte le chemin le plus facile entre les nuages et le sol, en utilisant le plus haut immeuble ou le plus grand arbre d'une région. Les édifices ne sont pas les seules cibles de prédilection de la foudre. En effet, Roy C. Sullivan, un garde forestier de l'État de Virginie, aux États-Unis, a été frappé sept fois par la foudre et a survécu chaque fois. Il détient un record, mais si j'étais toi, je ne m'approcherais pas de lui pour lui serrer la main. Tu risquerais d'avoir tout un choc!

Ne fais pas ça! Tu vas le faire mourir de peur!

Imagine que tu es au cinéma avec tes amis, en train de manger du maïs soufflé. Soudain, les lumières s'éteignent et une musique sinistre se fait entendre. Tu as des frissons dans le dos et ton cœur bat la chamade. Tu peux sentir la tension monter autour de toi. Tout à coup, sans que tu t'y attendes, le méchant surgit par une porte et envahit l'écran, plus grand que nature. Ton maïs soufflé s'envole dans les airs et tu lâches un cri de frayeur, comme tous les autres spectateurs dans la salle. Mais peut-on vraiment mourir de peur?

VRAI

Lorsque tu éprouves de la peur ou perçois un danger, il se produit une transformation chimique dans ton corps. C'est ce qu'on appelle la réaction de lutte ou de fuite. Ton rythme cardiaque s'accélère, car ton cœur est inondé de substances chimiques comme l'adrénaline provenant de ton système nerveux; tes muscles se préparent à l'action; tes pupilles se dilatent; ta vessie peut même se relâcher. Ne t'inquiète pas, ce sont de bonnes réactions à avoir si tu dois te défendre. Mais pourrais-tu être effrayé au point de mourir de peur? « Oui, c'est possible », affirme le neurologue Martin A. Samuels, qui a passé sa vie à examiner des cas de mort subite. Il croit que dans des circonstances très particulières, une personne peut mourir de peur. Alors, la prochaine fois que tu songeras à surgir soudainement pour faire peur à des amis, tu devrais peut-être y penser à deux fois. Si une personne a suffisamment peur, le choc des substances chimiques libérées par son cerveau risquerait d'endommager physiquement son cœur et, dans des cas extrêmes, de provoquer la mort!

Retenir son souffle durant 30 secondes arrête le hoquet.

Savais-tu que certains cas de hoquet ont duré des jours, des semaines, des mois et même des années? Par exemple, le pauvre Charles Osborne a souffert du hoquet durant 68 ans, de 1922 à 1990! Est-ce qu'un truc aussi simple que de retenir son souffle durant 30 secondes aurait vraiment pu le guérir?

DÉCIDE

Ce remède pour arrêter le hoquet n'en est qu'un parmi tant d'autres. Voici quelques autres traitements populaires : demander à quelqu'un de nous faire peur; mettre une cuillerée de sucre sur sa langue; boire de l'eau de l'autre côté du verre. Bien que ces méthodes soient parfois efficaces, elles déconcertent le milieu médical parce que nul ne sait vraiment pourquoi ni comment elles fonctionnent. La question à se poser est la suivante : D'où vient le hoquet, au juste? Il semble que le problème se situe au niveau du diaphragme. Il s'agit d'un muscle en forme de coupole qui aide à pousser l'air à l'intérieur et à l'extérieur des poumons. Le hoquet se produit quand le diaphragme devient irrité et a des spasmes. Beaucoup de choses peuvent irriter le diaphragme, comme manger trop vite, rire trop fort, éprouver de la nervosité. Quand ton diaphragme se contracte de façon spasmodique, il produit un appel d'air qui fait vibrer tes cordes vocales et produit un drôle de son. Pour te débarrasser du hoquet, il faut aider ton diaphragme à reprendre son rythme normal. Après tout, ce muscle important te permet de continuer à respirer. Tu ne voudrais pas qu'il s'énerve pour un rien à tout moment!

100 coups de brosse par jour pour une belle chevelure.

...97, 98, 99, 100. Ouf! c'est long et fastidieux, se brosser les cheveux! Maintenant, de l'autre côté : 1, 2, 3... Un instant, Boucle d'or! Pour l'amour de Raiponce, qu'est-ce que tu fais là? Qui a le temps de se donner 100 coups de brosse chaque jour? Ta tête est couverte de plus d'une centaine de milliers de cheveux. Vas-tu vraiment prendre le temps de chouchouter chaque mèche? Et dans quel but, au juste?

FAUX

Ce mythe tiré par les cheveux a de quoi te faire perdre la tête! Selon les experts, tu devrais te brosser les cheveux seulement pour les coiffer, et jamais quand ils sont mouillés! La racine du problème, c'est la racine de tes cheveux, justement. Située sous la peau, elle est composée d'un groupe de cellules appelé kératine, une protéine qui constitue le cheveu. Chaque racine se trouve à l'intérieur d'un petit bulbe appelé follicule pileux, sous la peau. En poussant, le cheveu sort du follicule et traverse le cuir chevelu. Les cellules du cheveu meurent une fois qu'il est sorti de la peau. Alors, si tu te brosses les cheveux trop fort ou trop longtemps, tu risques de les arracher de leur follicule. Souviens-toi que ce n'est pas le nombre de coups de brosse qui donne de l'éclat et de la vitalité aux cheveux, mais plutôt la qualité de la brosse. Assure-toi que le bout des poils est arrondi, ce qui permet de passer facilement la brosse dans les cheveux sans les tirer. Et achète-toi une nouvelle brosse chaque année! En passant, la meilleure façon d'avoir une chevelure en santé est d'avoir une alimentation saine. C'est bénéfique pour tout ton corps, même tes cheveux!

Nous utilisons seulement 10 % de notre cerveau.

Est-ce vrai? Te sers-tu seulement d'une petite partie de tes cellules cérébrales? Si c'est le cas, imagine tout ce que tu pourras faire quand tu commenceras à toutes les utiliser! Selon des gens très intelligents, comme William James, qui a fondé le premier laboratoire de psychologie des États-Unis, en 1874, et un autre petit futé appelé Albert Einstein, un des plus grands hommes de science de tous les temps, nous utiliserions seulement une infime partie de nos capacités mentales. Devrions-nous les croire sur parole?

FAUX

« Cette croyance est si fausse que c'en est presque risible », déclare le neurologue Barry Gordon, qui étudie l'activité cérébrale à la faculté de médecine de l'université Johns Hopkins, à Baltimore, au Maryland. Selon le Dr Gordon, notre cerveau est actif presque en tout temps et nous en utilisons pratiquement chaque partie. Penses-y : ton cerveau est un organe de ton corps, comme tout autre organe. Comment ton corps fonctionnerait-il si tu utilisais seulement 10 % de ton cœur? Pas très bien. En fait, tu serais mort. Il semble que les affirmations de William James et d'Albert Einstein aient été mal interprétées à l'époque. Voici ce que William James a dit : « Nous n'utilisons qu'une petite partie de nos ressources mentales et physiques potentielles. » Cela a donné lieu à l'affirmation loufoque selon laquelle nous utiliserions uniquement 10 % de notre capacité cérébrale. Apparemment, il faudrait être sans cervelle pour croire ça, ce qui est une autre impossibilité!

On n'engraisse pas les cochons à l'eau claire.

Comme la plupart des enfants, tu t'es sûrement amusé dans le sable et tu as fait des tartes à la boue. Mais as-tu vraiment avalé tes délices boueux? Tes papilles gustatives ont dû se révolter! Comment croire qu'une chose aussi immangeable puisse stimuler le système immunitaire et être bonne pour la santé? Et pourquoi nous comparer, nous les humains, aux cochons!

VRAI

Presque tout ce que nous mangeons a poussé dans la terre, alors il est logique qu'on en ingurgite au cours de notre vie. Mais cela ne devrait pas te dégoûter. Il semblerait que le fait d'avoir mangé un peu de sable ou de terre nous aide à demeurer en santé. Les enfants qui sont en contact très tôt avec des organismes vivant dans la terre ou le sable, comme les bactéries, les virus et les parasites, voient leur système immunitaire renforcé. Cela les prépare donc à se défendre contre de futures attaques de microbes. Cela veut-il dire que tu dois sortir dehors chaque matin pour avaler une poignée de terre de ton jardin? Non, mais si un grain ou deux se faufilent dans ta nourriture, il n'y a vraiment pas de quoi s'inquiéter.

La soupe au poulet guérit le rhume.

Atchoum! À tes souhaits!
Holà! As-tu attrapé le rhume? Tu devrais manger une bonne soupe au poulet. Des millions de parents et grands-parents du monde entier ne jurent que par les pouvoirs magiques du bouillon de poulet. Pour certains, c'est bien plus que de la soupe chaude – c'est un remède miracle contre le rhume. Ce bouillon doré est un remède populaire contre le rhume depuis le XIIe siècle. Un liquide chaud à base de volaille peut-il réellement guérir ton rhume?

DÉCIDE

Bien qu'il n'y ait aucune preuve scientifique que la consommation de soupe au poulet guérisse le rhume, cela aide les gens malades à se sentir mieux. Quand tu as le rhume, les mucosités bloquent tes sinus et tu as du mal à respirer. La soupe au poulet contient de la cystéine, un acide aminé qui éclaircit le mucus. Selon certains chercheurs, la cystéine contenue dans la soupe au poulet accélère le déplacement du mucus vers le nez, ce qui permet de l'évacuer plus rapidement entraînant avec lui le virus. En passant, fais preuve de tact pour annoncer à ta grand-mère ce que des chercheurs de l'université du Nebraska ont découvert : la soupe au poulet en conserve serait tout aussi efficace que la soupe maison!

Un poulet peut vivre sans tête.

Quelle sorte de cervelle d'oiseau peut croire ça? Comment un être vivant peut-il vivre sans tête?

VRAI

Incroyable, mais vrai! Mike « le poulet sans tête » était un coq appartenant à M. Olsen, un fermier de Fruita, au Colorado. Le 10 septembre 1945, M. Olsen est allé au poulailler choisir un poulet pour le souper familial du soir. Il lui a coupé la tête, mais a laissé presque tout le tronc cérébral attaché au corps. Apparemment, Mike n'était pas du tout d'accord pour se faire manger ce soir-là, car même sans tête, l'intrépide volatile a survécu. Après avoir constaté ce qu'il venait de faire, M. Olsen a eu pitié du coq sans tête et l'a nourri à l'aide d'un compte-gouttes. Le plus incroyable, c'est que Mike a continué à vivre encore dix-huit mois sans tête. Il a même figuré dans *Le livre des records Guinness* en 2002 comme poulet ayant survécu le plus longtemps sans tête. Bien que toutes les volailles ne soient pas des super-poulets comme Mike, les poules se promènent souvent en titubant pendant un certain temps après s'être fait couper la tête. Leur tronc cérébral, qui demeure souvent partiellement attaché, contrôle toujours leurs réflexes.

Le soleil fait éternuer.

Le soleil nous fournit de la chaleur, de l'énergie et de la lumière et fait pousser les récoltes. Mais comment croire qu'un astre aussi gigantesque et magnifique, situé à environ 150 millions de kilomètres de distance (pour être exact 149 597 870 kilomètres), puisse nous faire éternuer? Allons, le soleil mérite plus de respect, et non qu'on s'exclame en le voyant : « Passe-moi un mouchoir! »

VRAI

Eh oui, le roi tout-puissant du ciel peut te faire éternuer. En fait, ce n'est pas uniquement le soleil qui est à blâmer pour ces éternuements répétés : n'importe quelle lumière vive peut déclencher des éternuements. Ce phénomène s'appelle le réflexe photo-sternutatoire ou syndrome ACHOO (*Autosomal Dominant Compelling Helio-ophthalmic Outburst*). Il affecterait 25 % de la population, mais nul ne comprend vraiment ce phénomène. Selon des spécialistes de la faculté de médecine de l'université Stanford, aux États-Unis, il s'agirait d'une mauvaise connexion dans le cerveau. Le nerf trijumeau est responsable de l'éternuement. Quand les personnes souffrant de ce syndrome regardent une lumière forte ou le soleil, leur nerf optique stimule le nerf trijumeau, ce qui déclenche l'éternuement. Bizarre, non? La lumière irrite l'œil, qui irrite le nez, ce qui provoque l'éternuement. Le syndrome ACHOO est héréditaire. Alors, si l'un de tes grands-parents se met à éternuer pendant une promenade lors d'un bel après-midi ensoleillé, tu ferais mieux d'avoir assez de mouchoirs pour le reste de la famille!

Croyances alimentaires

C'est incroyable, toutes ces histoires qu'on veut nous faire avaler! Soit une chose est bonne pour toi, soit elle peut te tuer, à moins qu'elle ne te donne des gaz. Peu importe ce que tu te mets dans la bouche, les adultes ne peuvent s'empêcher de professer leur opinion. Que tu les croies ou non, ce chapitre contient de quoi alimenter tes réflexions.

On peut manger un aliment s'il a touché le sol moins de cinq secondes.

Tu es en train de dévorer une assiette de succulentes frites, quand tu échappes la dernière sur le plancher de la cuisine. Grâce à tes pouvoirs surhumains, tu la ramasses plus vite que le temps de dire « Fritoman à la rescousse! » Tu souffles dessus pour la nettoyer, puis tu t'apprêtes à la mettre dans ta bouche, quand ton chien traverse la cuisine pour la vingtième fois ce jour-là. Il lèche le ketchup sur le plancher et te regarde d'un air adorateur pendant que tu mâches ta frite. Bon appétit! On dirait que tu viens d'avaler toutes sortes de saletés! Beurk!

FAUX

Selon les spécialistes de l'alimentation de l'université Clemson, tu devrais oublier la règle des cinq secondes, et même celle des trois secondes. En fait, il est probablement dangereux de suivre la règle d'une seconde. Au cours d'une étude récente, les chercheurs de Clemson ont contaminé délibérément plusieurs surfaces avec des bactéries de type salmonelle, qui peuvent envahir notre corps et nous rendre malades. Ces minuscules organismes unicellulaires absorbent nos éléments nutritifs et notre énergie, tout en répandant des toxines dans notre corps. Au cours de l'étude, les chercheurs ont laissé tomber des morceaux de mortadelle et de pain sur les surfaces infectées durant cinq secondes ou plus. Après seulement cinq secondes, les deux types d'aliments avaient amassé jusqu'à 1 800 bactéries. La nourriture qui était restée en contact avec ces aliments durant 60 secondes présentait 10 fois plus de microbes. Alors, la règle numéro 1 est de ne pas manger d'aliments tombés par terre!

Manger du poisson rend plus intelligent.

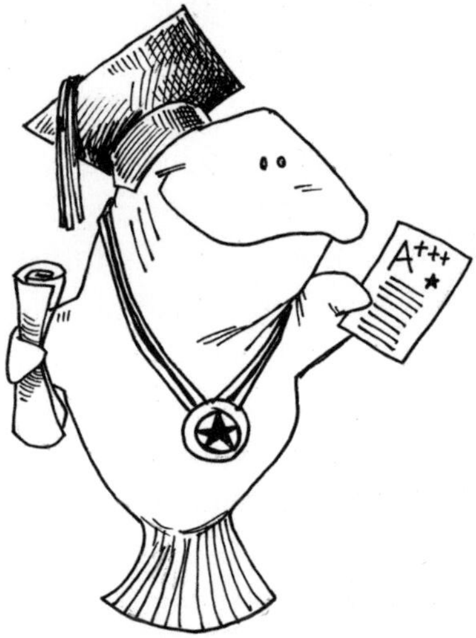

Il y a beaucoup d'avantages à consommer du poisson. Ces créatures de mer sont souvent riches en acides gras oméga-3, qui aident à prévenir l'arthrite et les maladies cardiaques. De plus, ces acides gras sont considérés comme des aliments de choix pour le cerveau, surtout pour un jeune cerveau en croissance comme le tien. Mais le fait de manger ces vertébrés aquatiques à sang froid peut-il vraiment accroître ton quotient intellectuel?

DÉCIDE

Les nutritionnistes ont étudié les avantages d'une alimentation saine incluant du poisson et ont obtenu des résultats prometteurs, mais non concluants. Nos cellules cérébrales et notre corps ont besoin d'acides gras polyinsaturés, la bonne sorte de gras (oméga-3) que notre corps ne peut produire naturellement. En fournissant à ton cerveau une plus grande quantité de ces acides gras, tu améliores la qualité de tes cellules cérébrales. Les experts s'entendent pour dire que les acides gras contenus dans les poissons d'eau froide comme les sardines, le saumon, le maquereau et le thon frais sont importants pour le développement normal du cerveau. Leurs études ont démontré que les populations dont l'alimentation comprend du poisson présentent un risque moins élevé de maladies affectant le cerveau. Toutefois, on n'a pas pu prouver que la consommation de poisson rendait plus intelligent. Alors, tu ferais mieux d'étudier pour ton examen de maths, parce que ce paquet de bâtonnets de poisson ne t'aidera pas à connaître comme par magie toutes les réponses. Quel dommage!

Si tu avales un pépin de melon d'eau, un melon poussera dans ton ventre.

Les melons d'eau font partie des plaisirs de la saison estivale. Mais ce fruit délicieux a un inconvénient : ses ennuyeuses petites graines noires. Impossible de les éviter, et encore plus de s'en débarrasser quand on essaie d'avaler le melon rouge et juteux. Tu as peut-être beaucoup d'audace et ne crains pas qu'une petite graine ou deux emprunte le mauvais chemin. Mais sois honnête. Par la suite, quand tu es dans ton lit et que tu commences à avoir mal au ventre, imagines-tu les racines en train de sortir des graines pour aller s'enrouler autour de tes entrailles?

FAUX

Manger quelques pépins de melon d'eau ne signifie pas qu'un melon d'eau va se mettre à pousser dans ton ventre. En fait, tu as probablement déjà avalé plusieurs pépins au cours de ta vie. Ce fruit composé à 92 % d'eau contient environ 1/2 tasse de graines, mais même si tu avalais la plupart d'entre elles, elles ne germeraient pas à l'intérieur de ton estomac. Dans certains cas très rares, les graines peuvent se coincer dans ton appendice ou endommager ton intestin, mais elles ne peuvent pas se développer dans ton ventre. Gordon Rogers, un expert en horticulture, a essayé de faire germer des graines dans son laboratoire en recréant les mêmes conditions que dans l'estomac et le système digestif humains. Il faut croire qu'il n'avait pas le pouce vert. Malgré tous ses efforts, les graines n'ont pas poussé. Gordon Rogers en a conclu que les graines ont besoin d'humidité, d'oxygène et d'une température adéquate pour se développer. Ton bedon ne leur convient donc pas du tout.

Manger des carottes améliore la vision, surtout nocturne.

Est-il vrai que ces légumes allongés de couleur orange procurent une vision extraordinaire? Si tu avais une machine à voyager dans le temps, tu pourrais retourner à l'époque de la Deuxième Guerre mondiale et poser la question aux soldats allemands. L'armée britannique a fait croire aux Allemands qu'elle donnait de grandes quantités de carottes à ses troupes dans le but d'améliorer leur vision durant les missions nocturnes. Mais en fait, il s'agissait d'une ruse pour cacher la nouvelle invention des Britanniques, le radar. Cette invention leur permettait de repérer les avions ennemis dans l'obscurité. Les dirigeants militaires allemands ont cru les Britanniques et ont fait manger des montagnes de carottes à leurs pilotes. À ton avis, que s'est-il produit? Les soldats allemands mangeurs de carottes voyaient-ils mieux la nuit?

DÉCIDE

De nos jours, les experts te diraient probablement que les Britanniques n'étaient pas si loin de la vérité. Mais avant de commander un camion de carottes et de priver les lapins de leur aliment préféré, continue de lire. Manger des carottes n'améliorera pas ta vision, mais pourra t'aider à conserver celle que tu as déjà. Les carottes sont riches en bêtacarotène, une substance qu'on trouve dans les fruits et légumes de couleur orange et qui est bénéfique pour la santé de la cornée (la membrane extérieure de l'œil). En fait, notre organisme transforme le bêtacarotène en vitamine A, un élément nutritif important pour conserver une bonne vision. Une carence en vitamine A peut entraîner la cécité nocturne, et dans des cas extrêmes, peut même causer une cécité complète. Alors, que dois-tu faire si tu détestes les carottes? Ne t'en fais pas, tu peux toujours obtenir la vitamine A dont tu as besoin en mangeant beaucoup de légumes verts à feuilles et d'autres fruits et légumes de couleur orange. Mais attention! Si tu manges trop de carottes, le bêtacarotène peut s'accumuler dans ton sang et donner une teinte orange à ta peau.

Attends une heure après le repas pour te baigner, sinon tu risques de te noyer.

Que ce soit dans un lac ou une piscine, la baignade est l'une des meilleures façons de passer un bel après-midi d'été. Une autre chose agréable est de savourer des hotdogs, des hamburgers et des croustilles. Une fois ton estomac rempli, tu veux retourner te baigner. C'est alors que ta mère te supplie de ne pas retourner dans l'eau si vite après avoir mangé, car tu risques d'avoir une crampe et de te noyer. Tu t'écartes du rivage, sauvé une fois de plus des griffes de la mort. Mais ta mère a-t-elle raison?

DÉCIDE

Ne laisse pas ta mère t'éloigner de l'eau! Tu es un vrai poisson, peut-être même un futur médaillé d'or olympique en natation! Bon, j'exagère un peu! Tout comme certains ont exagéré un peu et ont ainsi fait naître ce mythe. Il est vrai que durant la digestion, beaucoup de sang afflue vers l'estomac pour aider à digérer la nourriture que tu viens d'avaler. Ce sang s'éloigne donc temporairement des muscles. Les niveaux d'oxygène plus faibles peuvent entraîner des crampes musculaires dans tes jambes ou tes bras, ce qui pourrait rendre la nage plus difficile. Mais aucun cas de noyade n'a été attribué à un ventre plein. Même la Croix-Rouge, l'organisme qui a appris à nager à des millions de gens, ne déconseille pas la baignade après un repas. Alors, si tu décides de t'empiffrer juste avant de sauter à l'eau, tu pourrais attendre un peu pour te sentir plus à l'aise, mais il n'existe aucune preuve scientifique que l'on risque la noyade si on se baigne après un repas.

Les bonbons Pop Rocks combinés à une boisson gazeuse font exploser l'estomac.

Quelle idée explosive! Un mélange de bonbons et de boisson gazeuse qui non seulement te donne des caries, mais fait exploser tes entrailles! Quand les bonbons pétillants Pop Rocks sont apparus sur le marché, la rumeur a couru qu'un garçon américain était mort après en avoir mangé en buvant une boisson gazeuse. Impossible, dis-tu? Eh bien, comment se fait-il que la compagnie qui fabriquait ces bonbons ait cessé d'en vendre pendant près de 10 ans?

FAUX

Détends-toi, l'adepte des bonbons! Mélanger ces deux gourmandises ne te fera aucun mal. En fait, ces bonbons étaient si populaires, même avec toutes les fausses rumeurs qui couraient à leur sujet, que la compagnie Kraft a acheté la recette secrète à General Foods en 1985. Kraft savait que les bonbons n'étaient pas dangereux et que les enfants adoraient leur sensation de pétillement. On les a rebaptisés Action Candy, car leur appellation originale nuisait aux ventes. De nos jours, les bonbons Pop Rocks sont de retour sur les tablettes des magasins et ont retrouvé leur nom original. En 2006, la légende de « l'enfant explosif » a refait surface. Cette fois, le mélange mortel était une boisson gazeuse et des Mentos. Selon la rumeur, un enfant brésilien serait mort en les consommant en même temps. Encore une fois, on s'est rendu compte que quelqu'un avait laissé exploser… son imagination!

Fèves et haricots font plus de pets que de rots.

Les fèves et les haricots sont-ils responsables d'une augmentation des pets, aussi appelés flatuosités, vents ou vesses? Si oui, pourquoi les adultes nous en font-ils manger et soutiennent-ils que c'est un aliment excellent pour la santé? Pourtant, si tu t'es déjà retrouvé à côté d'un péteur enthousiaste ou si tu as été coincé sous les couvertures dans une explosion de flatuosités par quelqu'un que tu croyais ton ami, tu sais que l'odeur pestilentielle de ces vesses a de quoi rendre n'importe qui malade!

VRAI

Eh oui, les fèves et les haricots causent des flatulences et ont des effets bénéfiques sur la santé. Ces légumineuses provoquent des vents parce qu'elles contiennent des sucres que notre organisme digère difficilement. Quand ces sucres entrent en contact avec les bactéries dans l'intestin, notre système s'emporte et produit différents gaz, ce qui a un résultat explosif. La libération de ces gaz accumulés, ou le fait de « péter », est une bonne chose puisque ces gaz doivent s'échapper. Quelle meilleure porte de sortie que ton postérieur?

Mange tes croûtes de pain si tu veux avoir les cheveux frisés!

Ce dicton a probablement pris naissance il y a 300 ans, en Europe. À l'époque, on considérait que les personnes aux cheveux frisés réussissaient mieux que celles aux cheveux raides. La rumeur a couru que manger des croûtes de pain faisait friser les cheveux. Tous ceux qui voulaient donner l'impression d'avoir du succès se sont mis à dévorer toutes les croûtes qui leur tombaient sous la main. Est-ce que ce truc fonctionnait alors? Et qu'en est-il de nos jours? Les riches d'autrefois étaient-ils si désœuvrés qu'ils passaient leur temps à compter leurs pièces d'or et à se friser les cheveux, afin de tromper les pauvres aux cheveux raides pour des générations à venir?

FAUX

Cette idée qui frise le ridicule est tout simplement erronée. Des générations de parents l'ont répétée afin que leurs enfants finissent leurs tartines. Alors, vas-y! Enlève ces fichues bordures brunes qui t'importunent quand tu essaies de mordre dans ton sandwich. Mais souviens-toi : bien que les croûtes ne puissent faire friser tes cheveux ni assurer ta réussite, elles procurent d'autres avantages. La partie brune et croustillante du pain contiendrait plus d'antioxydants (qui aident à prévenir le cancer) que la mie, c'est-à-dire la partie moelleuse du pain. Alors, enlève les croûtes si tu veux, mais donne-les à quelqu'un que tu aimes bien.

Les aliments frits donnent de l'acné.

Il n'y a pas de quoi rire pour quelqu'un qui a déjà souffert d'acné. Que tu les appelles boutons, points noirs ou comédons, ces ennuyeuses petites lésions qui apparaissent un peu partout sur ta figure peuvent te gâcher l'existence. Alors, d'où viennent les boutons d'acné? Seraient-ils vraiment causés par tous les délicieux aliments que les jeunes aiment manger, comme les croustilles, les rondelles d'oignon et les frites? Si seulement ce n'était pas vrai!

FAUX

De nombreuses recherches scientifiques sont arrivées à la même conclusion : l'acné n'est pas causée par les aliments frits. Les boutons apparaissent sur ta peau quand un pore (un petit trou dans la peau) se bouche. Chaque pore contient un minuscule poil et une glande sébacée. Les cellules qui tapissent les pores s'éliminent à un rythme accéléré durant la puberté. Chez certaines personnes, les cellules mortes et le sébum s'agglutinent, ce qui obstrue le pore et cause un bouton. L'acné est parfois héréditaire, ce qui veut dire qu'elle t'a été transmise par ta mère ou ton père. Tes antécédents familiaux associés à la puberté peuvent faire en sorte que ta figure en soit la cible. Même si ce que tu manges n'est pas la cause de ton acné, cela ne te permet pas vraiment de te goinfrer de malbouffe, puisqu'une alimentation saine est la meilleure façon de garder ton corps et ta peau en santé.

Fables animalières

Attention, certains de ces dictons
te feront rire comme une baleine!
Qu'il s'agisse de mammifères météorologues,
d'amphibiens verruqueux ou d'oiseaux livreurs
de bébés, le monde animal a engendré
des croyances surprenantes. Ils ont
vraiment une araignée au plafond,
ces adultes!

Ne touche pas aux crapauds, ou tu auras des verrues!

En raison de leur peau parsemée de bosses à l'allure de verrues, les crapauds ont mauvaise réputation parmi leurs congénères des étangs. Avant de juger ces habitants des marais sur leur apparence disgracieuse, rappelle-toi que leur corps bosselé est le moyen ingénieux dont Dame Nature les a dotés pour se camoufler dans leur habitat naturel. Mais ce déguisement verruqueux est-il contagieux pour les humains?

FAUX

D'accord, les crapauds ne sont peut-être pas les plus jolies créatures de la Terre, sauf aux yeux d'un autre crapaud, bien sûr. Mais s'il faut embrasser une grenouille pour trouver un prince charmant, qu'y a-t-il de si horrible à toucher un crapaud? Rien, en fait. L'idée que ce batracien cause les verrues est simplement un cas d'erreur sur la personne... heu... sur l'animal. Les verrues des humains ne proviennent pas d'un contact avec leur crapaud préféré. Elles sont causées par le virus du papillome humain (VPH). Ce virus peut pénétrer dans la peau par une coupure ou une éraflure et entraîner une croissance accélérée des cellules sur la couche externe de l'épiderme. Tu peux attraper le VPH en touchant un objet ou une surface (serviette, lavabo, sol de douche) qu'a touché une personne contaminée. Par contre, certaines personnes sont allergiques à la substance huileuse sécrétée par les glandes à venin sur le dos de la plupart des crapauds. Cette substance peut provoquer des bosses similaires aux verrues.

Un éléphant n'oublie jamais.

La première question à se poser est : N'oublie jamais quoi? Qu'y a-t-il de si important que l'éléphant ne doit pas oublier? Regarder des deux côtés de la rue avant de traverser? Non. Ne pas vendre la peau de l'ours avant de l'avoir tué? Non. Toujours se laver derrière les oreilles? Peut-être. Cette expression proviendrait d'observations faites au fil des ans par des chercheurs et des dresseurs, mais est-elle véridique?

VRAI

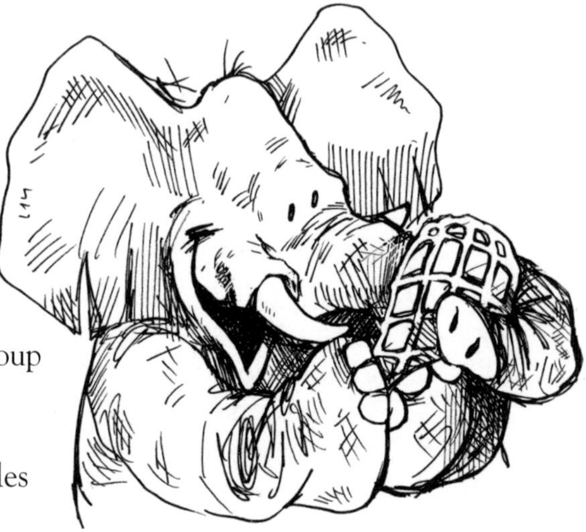

Le plus gros animal terrestre a vraiment une mémoire... d'éléphant! Sa mémoire est à la mesure de sa taille. L'éléphant a un très gros cerveau, ce qui lui fournit beaucoup d'espace pour emmagasiner des souvenirs. En outre, les éléphants vivent très longtemps, certains plus de 70 ans, et leurs apprentissages se font au fil des ans. Les chercheurs ont découvert que les éléphants se souviennent non seulement d'autres éléphants qu'ils ont déjà rencontrés, mais aussi des êtres humains avec lesquels ils ont établi des liens, et ce, même après de nombreuses années, voire des décennies. Alors, la prochaine fois que tu oublieras le nom de ton prof de sciences, demande au cerveau d'éléphant assis à côté de toi. Il s'en souviendra sûrement!

La gueule d'un chien est plus propre que la bouche d'un humain.

Si tu aimes ton chien, ce qui ne fait aucun doute, alors tu connais bien l'odeur qui se dégage de sa gueule. Fido se sert de sa gueule pour manger, comme nous, mais aussi pour fouiller dans les poubelles et mâchonner des écureuils morts. Il utilise également sa langue comme papier hygiénique. Il doit bien y avoir des milliards de microbes qui nagent dans sa salive, prêts à atterrir sur toi la prochaine fois qu'il te donnera un coup de langue en signe d'affection. Après avoir fait toutes ces choses dégoûtantes, comment serait-il possible que la gueule de ton chien soit plus propre que ta bouche?

FAUX

La réponse est non, ou presque. Tu vois, on ne peut pas vraiment comparer la gueule d'un chien et la bouche d'un humain. « Ce serait comme comparer des pommes et des oranges », explique le professeur Colin Harvey, de l'école de médecine vétérinaire de l'université de Pennsylvanie. Les deux bouches, humaine et canine, sont pleines de microbes, mais de types différents. De nombreuses bactéries présentes dans la gueule du chien sont propres à cette espèce, c'est-à-dire qu'elles ne peuvent pas nuire aux humains – à moins que le chien n'ait la rage, auquel cas tu ne voudrais pas le bécoter. Mais en général, les humains sont immunisés contre la plupart des microbes canins. D'un autre côté, les microbes des humains peuvent nuire aux autres humains. Alors, une morsure de ta petite sœur pourrait être plus dangereuse qu'une morsure de chien à la gueule remplie de microbes canins.

Tu peux donc embrasser ton pitou, mais garde tes microbes pour toi!

Les animaux peuvent prédire les catastrophes naturelles.

As-tu déjà remarqué que juste avant une averse, ton chien veut rentrer? Ou que les oiseaux semblent disparaître avant une tempête? Beaucoup de gens, dont des scientifiques, croient que les animaux ont un « sixième sens » ou la capacité naturelle de prédire le mauvais temps. Mais un chien ou une volée d'oiseaux peuvent-ils vraiment prédire une catastrophe naturelle? Si c'est vrai, peut-être devrions-nous cesser de regarder la chaîne de la météo et observer plutôt les animaux autour de nous.

DÉCIDE

Personne n'a de réponse claire à cette question. Au cours du terrible tsunami qui a frappé l'Asie du Sud-Est le 26 décembre 2004, plus de 200 000 personnes ont péri, mais de nombreux animaux ont survécu. Bien que cela ne soit pas prouvé scientifiquement, beaucoup de gens croient que les animaux ont détecté les signes précurseurs de la catastrophe. Les chercheurs qui étudient le comportement animal pensent que les animaux peuvent percevoir les infrasons, ou sons de basse fréquence (telles les ondes générées par les séismes et les ouragans), plus tôt que les humains. Ils peuvent donc se mettre à l'abri plus rapidement. Toutefois, selon le United States Geological Survey (organisme fédéral américain qui récolte des informations scientifiques sur la Terre, ses ressources, son environnement et ses dangers), aucun lien scientifique n'a été établi même s'il y a eu des cas de comportement animal inhabituel avant un séisme. Je ne sais pas ce que tu en penses, mais pour ma part, si je vois des animaux se comporter étrangement, je vais courir me mettre à l'abri!

Un chat retombe toujours sur ses pattes.

Minou, minou! Viens, minet! As-tu déjà essayé de secourir un chat coincé dans un arbre? Il est probable qu'il s'éloigne un peu plus chaque fois que tu tentes de l'attraper. Pas étonnant que les chats pensent qu'ils n'ont pas besoin d'être secourus. On dit que ces animaux à fourrure et à quatre pattes ont neuf vies. Mais est-ce que ces félins ronronnants ont une coordination telle qu'ils sont certains d'atterrir sur leurs pattes lorsqu'ils tombent?

DÉCIDE

Bien que les chats ne retombent pas toujours sur leurs pattes, surtout s'ils tombent de plusieurs étages, il est vrai qu'ils peuvent sortir indemnes de chutes moins importantes. Lorsque ces bêtes nerveuses et vigoureuses tombent de moins haut, un ou deux étages par exemple, elles peuvent presque toujours se redresser pour atterrir sur leurs pattes. Cela s'explique par la façon exceptionnelle dont est conçu le squelette du chat. Le chat n'a pas de clavicules et sa colonne vertébrale lui permet une plus grande amplitude de mouvement que la plupart des animaux. Grâce à ces petites différences dans la composition de son squelette, ses pattes avant peuvent bouger librement, ce qui l'aide à faire fléchir et pivoter facilement son corps, surtout dans les airs! Ce mouvement rapide permet au chat de se retourner durant sa chute pour atterrir sur ses pattes. Miaou! Très impressionnant, minet! Mais ne laisse pas ces acrobates félins te berner. Les chats peuvent se blesser gravement et même mortellement s'ils tombent d'une hauteur de plus de deux étages.

Les marmottes prédisent l'arrivée du printemps.

Tu as sûrement déjà entendu parler du jour de la Marmotte. Cette journée-là, si la marmotte voit son ombre, cela signifie que nous sommes condamnés à six semaines d'hiver encore. Mais savais-tu que cette tradition a pris naissance en Allemagne, avec des blaireaux au lieu de marmottes? Lorsque les pionniers allemands sont arrivés en Amérique du Nord dans les années 1700, nombre d'entre eux ont apporté cette croyance avec eux. Comme ils ne trouvaient pas de blaireaux, ils ont commencé à utiliser des marmottes pour prévoir l'arrivée du printemps. Cette méthode s'est bientôt répandue chez les autres fermiers. Une marmotte est devenue si célèbre qu'elle a été baptisée Phil de Punxsutawney, d'après le nom de la ville où elle vivait. Le Canada a également sa marmotte vedette, Willie, de la ville de Wiarton, en Ontario. Cette tradition est fascinante, mais ces créatures adeptes de la vie souterraine connaissent-elles vraiment bien leur sujet?

FAUX

Je sais. Il est difficile d'accepter que les marmottes, aussi appelées siffleux, ne puissent pas détecter l'arrivée du printemps, surtout avec toute la célébrité qu'elles ont acquise au fil des ans. Mais les faits parlent d'eux-mêmes. Au cours de ses 120 années de carrière météorologique, Phil de Punxsutawney n'a eu raison que 39 % du temps. Hé, Phil, tu devrais chercher un autre emploi! Tu pourrais peut-être devenir un rongeur terrassier? En fait, les marmottes passent beaucoup de temps à creuser des tunnels impressionnants sous la terre. On estime qu'une marmotte peut déplacer en moyenne 320 kilogrammes de terre en préparant son terrier. Avec leurs pattes courtes et puissantes, et leurs solides griffes recourbées, ces rongeurs sont des spécialistes du terrassement!

La cigogne apporte les bébés.

T'es-tu déjà assis dehors, par une belle soirée d'été, pour observer le ciel? Bien sûr. Et pendant que tu essayais de compter les étoiles ou d'apercevoir une étoile filante, tu as probablement vu passer quelques cigognes, avec un bébé dans un baluchon suspendu à leur bec... Quoi? Attends une minute! Essaies-tu de nous faire croire que tu as réellement vu ces grands oiseaux blancs planer dans le ciel en transportant des poupons? Ce n'est pas possible! Ces oiseaux des marais seraient-ils vraiment les livreurs de Dame Nature?

FAUX

Bien sûr que les cigognes n'apportent pas les bébés! Tu le savais déjà, n'est-ce pas? Cette légende sur les grands oiseaux blancs déposant des nouveau-nés chez leurs parents aurait été inventée pour éviter aux adultes des discussions embarrassantes sur la sexualité. Elle a vu le jour en Scandinavie et a été utilisée dans de nombreux contes de fées du célèbre auteur Hans Christian Andersen. Il a écrit deux récits mettant la cigogne en vedette : *Les Cigognes*, publié en 1838, et *Livre d'images sans images*, paru en 1840. L'habitude qu'ont les cigognes de nicher sur des cheminées chaudes et de dérober des vêtements sur des cordes à linge pour en tapisser leurs nids a conduit les gens à croire qu'elles mettaient des bébés dans les cheminées. Pousse-toi de là, père Noël, un petit bébé dodu s'en vient! Alors, maintenant, tu connais la vérité. Tu as été trouvé dans une feuille de chou. Va demander à tes parents de t'expliquer ça!

Les chauves-souris sont aveugles.

Est-ce que l'idée d'une chauve-souris en vol te donne des frissons? Si c'est le cas, rassure-toi, tu n'es pas le seul. Les chauves-souris sont probablement les animaux les moins bien compris du monde. En fait, elles sont très utiles aux êtres humains. Ces créatures nocturnes planent dans les airs avec une seule idée en tête. Non, elles ne veulent pas sucer ton sang — elles veulent de la nourriture! En l'espace d'une heure, une seule chauve-souris peut manger de 600 à 1000 moustiques ou autres insectes ennuyeux! Mais ces dévoreuses de bestioles volent-elles vraiment à l'aveuglette?

FAUX

Voilà, tu auras une chose de moins à craindre au sujet des chauves-souris. Elles ne sont pas aveugles, selon le neuroéthologue Paul Faure, qui étudie la relation entre le cerveau et le comportement des animaux. En fait, ces mammifères, dont on compte plus de mille espèces, ont une bonne vision, une très bonne ouïe et un excellent odorat. Les experts croient que ce mythe proviendrait de deux idées fausses au sujet de ces animaux. D'abord, les chauves-souris se servent moins de leurs yeux que leur incroyable faculté d'écholocalisation pour se diriger dans l'obscurité et éviter les obstacles. Elles se repèrent la nuit en émettant des sons aigus que les humains ne peuvent entendre. Quand ces bruits sont réfléchis par des objets, comme des arbres ou des maisons, elles se forment une image mentale de ce qui les entoure. Deuxièmement, si on les observe en vol, quand elles plongent en piqué ou planent apparemment sans but à la recherche d'insectes, elles semblent avancer à l'aveuglette. Mais ne t'inquiète pas : elles savent exactement où elles vont : manger!

Les autruches se cachent la tête dans le sable quand elles ont peur.

En cas de menace, pourquoi ne pas s'enfoncer la tête dans le sol en espérant que le danger va disparaître? Eh bien, c'est ce que fait le plus grand oiseau du monde, aussi bizarre que cela puisse sembler, pour ne pas dire ridicule, de voir ce grand animal se cacher seulement la tête dans le sable. Mais avant de traiter l'autruche de tête de linotte, pense à son incroyable histoire. L'autruche existe depuis l'époque des dinosaures. Les paléontologues, qui étudient les fossiles de dinosaures, croient que l'autruche serait une parente du tyrannosaure! Alors, ce truc de tête enfouie dans le sable fonctionne peut-être? Après tout, les autruches ont réussi à survivre à la plupart de leurs ennemis!

FAUX

Ces oiseaux géants ne sont pas si bêtes que ça. En cas de danger, leur première réaction instinctive est de fuir, comme toi et moi! Et ces grands oiseaux coureurs (ils sont incapables de voler) peuvent atteindre une vitesse de 74 kilomètres à l'heure, ce qui leur permet d'échapper à la plupart des prédateurs. Mais quand la fuite n'est pas possible, ces oiseaux futés se jettent simplement par terre! Eh oui, ils s'écrasent au sol et demeurent immobiles, la tête et le cou étendus devant eux. Comme les plumes de leur tête sont de couleur brun clair, elles se confondent avec le sable. De loin, on a l'impression que leur tête est enfoncée dans le sable. D'après les spécialistes des autruches, c'est ce qui aurait donné naissance à ce mythe. Mais c'est tout simplement une illusion d'optique.

Les lemmings se jettent du haut des falaises.

Ces petites bêtes brun-roux qui ressemblent plus à des cochons d'Inde qu'à des souris ont réussi à survivre dans le climat rigoureux des régions nordiques. Durant l'hiver, elles creusent des tunnels dans la neige pour s'y abriter. Mais tous les trois ou cinq ans, la population de lemmings connaît une expansion soudaine et peut se multiplier par 500! Puis, mystérieusement, elle diminue de nouveau jusqu'à frôler l'extinction. Alors, où vont donc tous ces lemmings?

FAUX

Les gens ont longtemps cru que les lemmings sautaient des falaises afin de contrôler leur population. Cette idée a été appuyée par un film de Disney intitulé *Le désert de l'Arctique*, paru en 1958 dans le cadre d'une série de documentaires animaliers. Ce documentaire montre une foule de petites boules de poils brunes qui se précipite vers une falaise rocheuse et plonge vers une mort certaine dans le cours d'eau tout en bas. Toutefois, ce n'était que de la fiction, affirme Charles Krebs, un écologiste qui étudie les lemmings depuis son enfance. Les astucieux réalisateurs avaient déplacé un groupe de lemmings de l'Arctique vers l'Alberta, où ils les ont filmés pendant qu'ils les repoussaient vers une falaise. Durant des années, on a cru que ces rongeurs étaient des espèces de Mickey Mouse sujets à la dépression. Pas du tout, disent les chercheurs. La population de lemmings connaît une explosion tous les quatre ans en Scandinavie. Quand la toundra devient surpeuplée, certains lemmings quittent la région. Comme ils sont un peu bêtes, ils tombent parfois des falaises en cherchant une nouvelle demeure. Mais ils ne le font pas exprès!

Si tu touches à un oisillon, sa mère l'abandonnera.

Tu te promènes par un bel après-midi d'été et tu aperçois un minuscule oisillon sur le trottoir. Tu regardes autour de toi pour trouver de l'aide, mais il n'y a personne. Tu lèves les yeux et vois un nid dans un arbre. Tu comprends alors que l'oisillon a tenté de quitter le nid trop vite. Que vas-tu faire? Devrais-tu le prendre pour le replacer dans son nid? Ou est-ce qu'une petite voix te dit que tu lui ferais plus de tort que de bien? Tu connais bien cette voix. Tu peux entendre clairement ton père déclarer : « Ne touche pas à cet oiseau, ou sa mère le rejettera! » Mais a-t-il raison?

FAUX

Cesse de t'inquiéter. La mère de l'oisillon est probablement en train de vous observer, toi et son petit. Elle ne va pas le laisser mourir de faim, pas plus qu'elle ne va te picorer les yeux. Elle l'a probablement poussé hors du nid pour lui apprendre à voler. Tu ferais donc mieux de laisser cette petite bête à plumes aux bons soins de sa maman. L'idée qu'une femelle rejette son oisillon en cas de contact humain s'est probablement répandue parce que les adultes savent qu'il vaut mieux ne pas manipuler les oiseaux. Il est faux de penser qu'un oiseau puisse sentir l'odeur d'un humain sur son petit : « La plupart des oiseaux ont un sens de l'odorat très peu développé, dit Michael Mace, conservateur des oiseaux au Wild Animal Park du zoo de San Diego. Ils ne remarquent pas l'odeur des humains. » Toutefois, Michael Mace note une exception : le vautour, qui a un bon sens de l'odorat. Mais tu ne voudrais probablement pas ramasser un bébé vautour, n'est-ce pas?

Autres sottises de parents

Tout au long de ce livre, nous avons essayé de comprendre pourquoi les adultes disent certaines choses. Malgré toutes nos recherches, quelques déclarations n'ont pas d'explication. Cette section s'applique aux propos énigmatiques proférés par les adultes. Combien de ces expressions as-tu déjà entendues de la bouche de tes parents?

- Mon petit doigt me l'a dit!
- Essayer de te parler, c'est comme parler à un mur.
- Parce que je te le dis, voilà pourquoi.
- Je sais tout ce que tu fais. J'ai des yeux tout autour de la tête.

- Ta chambre est une vraie soue à cochons.
- Fais ce que je dis, pas ce que je fais.

- Me prends-tu pour un guichet automatique?
- Crois-tu que tes chaussettes vont se ramasser toutes seules?
- Comment sais-tu que tu n'aimes pas ça si tu ne l'as jamais essayé?
- Tu devras me passer sur le corps avant!
- Ne touche pas à ça! Tu ne sais pas d'où ça vient!
- Porte toujours des sous-vêtements propres au cas où tu aurais un accident.
- Il pleut? Tu n'es pas fait en chocolat. Tu ne fondras pas!
- Je ne suis pas né d'hier, tu sais.
- Si le chapeau te fait, mets-le!

- Les règlements ne sont pas faits pour les chiens.
- Je te traiterai en adulte quand tu te conduiras en adulte.
- Je vais compter jusqu'à trois...
- Si je t'entends encore dire ça, je te lave la bouche avec du savon.

- Crois-tu que c'est un hôtel, ici?
- Si tu n'as rien de gentil à dire, tais-toi donc!
- Si tu ne finis pas ton assiette, tu n'auras pas de dessert.
- Si tu n'as pas assez faim pour finir ton souper, tu n'as pas assez faim pour le dessert.
- Il n'y a pas de fumée sans feu.
- Je ne suis pas un taxi.
- Non, je ne sais pas où sont tes chaussettes. Ce n'est pas mon tour de les surveiller!
- Tu vas y goûter, et tu vas aimer ça!

- Éteins la lumière! On voit bien que tu ne paies pas la facture d'électricité!
- Si tes amis se jettent du haut du pont, vas-tu faire comme eux?
- Personne n'a jamais dit que la vie était facile.
- Ce qui est fait est fait.
- L'habit ne fait pas le moine.
- Comme on fait son lit, on se couche.
- On dirait que ce téléphone est vissé à ton oreille.
- Où as-tu donc la tête?
- Quand j'avais ton âge, je faisais 10 kilomètres à pied dans la neige pour aller à l'école.